CLAYTON JARVINEN

THOUGHTS FROM SUNRISE

In discovery of the Truth

ISBN#978-1-7321316-0-6

Thoughts From Sunrise, LLC
1205 W Sherwin Ave #409
Chicago, IL 60626
www.thoughtsfromsunrise.com

Ordering Information:
Quantity sales. Special discounts are available on quantity purchases by corporations, associations, and others. For details, contact the publisher at the address above.

Orders by U.S. trade bookstores and wholesalers. Please contact us via email awake@thoughtsfromsunrise.com - www.thoughtsfromsunrise.com

Printed by our friends at the Shenzhen Bolla Printing Company- Mainland, China

Thoughts From Sunrise, LLC
2018

Dathun:
Moon Session (a one month silent meditation retreat).

Open Sky:
Dissolves the personality and connects one to his or her expansive nature.

Love:
Unconditional nature- if it changes it was something else.

Introduction

My first Dathun showed me the symbolic nature of the Universe. "Open sky" revealed Trust as a universal principle that can be relied upon. A meditation walk displayed the lag in time between perception of a thought and a feeling. That led to the realization that the thoughts and feelings do not correlate. As a result, it was possible to lean into the feelings single pointedly without conditions. Leaning into anger and fear single pointedly during a threatening situation lead to a realization of a deep wound. Continuing the focus led me across the spectrum of emotions to Love as a constant. Letting go of that and continuing the placement of awareness on the feeling led to a precise memory of my two year old self protecting his heart in a moment of upheaval. That instantly re-contextualized my entire life history up until I was 37, in turn, dissolving the threat. That also revealed a split nature of perception showing me what we see and experience is not accurate. I experienced true compassion while contemplating lust which, in a flash, revealed every single judgment I've had in my entire life. That brought about a knowingness of the inner-connection of beings and how we unconsciously show up for one another. Everything has shown me that fighting the world only prolongs the battle.

The value for life is to take the tools and realizations learned on the meditation cushion and have courage and trust to apply them to immediate situations in life. While it may seem so important to change the world, it will be impossible to do so while the self trying to change it has any aggression in the heart. Single pointed feeling of fear, anger and sadness, or any other emotion has a far greater potential for changing the world. Hidden within them are the keys to our individual pains. When one unlocks that vault and puts sunlight to them it takes others out of the role of unconsciously reflecting back what was hidden within. If enough individuals do this it will have an exponential effect. That is where the only sustainable change comes from. By breaking the invisible tether that binds others to unconsciously show up as my hidden inner nature allowing them to be free. That reduces internal tension in the other, causing less confusion and more sanity.

The work to change the world is within oneself.

CLAYTON JARVINEN

Metaphysical

Working from a deeply personal spiritual awakening I share insights and thoughts that have arisen from the great mind.

The purpose is to inspire the reader to go into the silence.

Spend a few minutes each day in contemplation, appreciation and inspiration. Drop preconceived thoughts. My favorite way to do this is with the sunrise.

Clayton Jarvinen acts as an author, speaker, counselor and metaphysical guide.

PREFACE

Sun as Source of Inspiration

Upon awaking I've found myself meditating with the sun. It has accompanied me through my ups and downs. It's bought insight and inspiration.

The sunrise has always been a powerful symbol in our lives shared by every culture across the face of the Earth. The purpose of this series of books is to touch into a sense of sanity in what seems to be a chaotic world with the sunrise as the focal point.

Some of the hardest points in my life have brought the most intense feelings. While meditating on the feelings, insight comes up. I don't always understand the insight in the moment and it's not always complete. So, I began to capture the thoughts in order to reflect on them throughout the day to find the inherent truth hidden within. I still reflect on each one of these to see how they relate to life.

The ultimate goal is to silence the mind, so that the light of life can shine through in direct experience without buffers. In the meantime, contemplative thoughts help to break up rigid patterned thought systems. When a mind begins to open it leaves a crack in the structure of a conditioned personality. Sunlight only needs a sliver of a crack to shine through and begin to purify the soils of negativity.

The photos are captures of a moment outside my home in Chicago (often taken with just a cell phone). Coupled with feeling, the words are written, to be contemplated and applied throughout the day. They are not a complete truth for there are no words that can express it. These are the closest way that this crude body and mind has, right now, to share the eternal with you.

Enjoy, be challenged, relax, give all to all, Love as best you can...

...without condition.

Life, more often than not, shows untruth in an effort for one to discover Truth. That's how the contrast of duality works. Do not personalize the nature of the showing. It is a gift to waking up to a deeper reality. When Truth is discovered the contrasting appearances merge into one.

Any outcome has a 50/50 chance of materialization 100% of the time. The inner-state is what throws the balance to favor a particular outcome.

To "love your enemy as yourself" is not to love him or, her in spite of their supposed flaws. You can only love yourself as much as you love another. The "other" reflects back your ability to love yourself. They are the greatest gift. A secret guilt is built up in the mind when we project our inner hatred, resentments and insecurities onto another. This is a great burden to carry. When the tensions are released one is able to find space in his heart for others despite their flaws. Life lightens up all around in the surrrounding circumstances. It is recognized that the person that was once hated was innocent and it was my own hatred, anger; my own guilt I projected onto the other body and blamed them for my feelings. When I recognize this I am able to open to a fuller view of life with uncertainty, not needing to control it, or dictate how it should be.

A single conscious breath is the most powerful relief from suffering. It's a reprieve from the projections of the world and touches into reality, if for only a brief moment. Perception makes projection, so going into the breath brings you back to yourself prior to perception.

Breath happens prior to thought and separate from it. Awareness of breath comes after. In that tiny span of time perception occurs. Perception contains the thousands of filters and conditions that mask reality.

When we inhabit this body we are not aware of the programming that has occurred. The program sets conditions and parameters. It sets limits and limitations. In self-awareness one might see the program, one might experience the source code. As we evolve in our connectedness on the physical plane, it is as if that source code has been leaked and is now becoming open source and readily available. The caveat is one must still learn the language. The language is not written, or audible, but is known through Being.

Do not be offended by anything in your world. Only seek to find appreciation. If it is not apparent, continue to seek until it becomes obvious that it was there the entire time.

I like an old interview of Bruce Lee where he says to, "Be like water". Water does not try to hold onto anything. It doesn't grasp. It flows and fills the space. It's powerful, yet soft. To be like water one must let go of the rigid structure of whatever they're trying to maintain ego-wise. While we try to maintain something we are blinded by our own ego protections; our own projections. One must soften to oneself and to life in order to be fluid like water. It's in that, the inner-connectedness of this life experience shines through.

Life is the process of becoming that which we are.
Here in lies it's perfection.

Negative thoughts are the toxins that poison the wellspring of life. Releasing from negativity literally purifies the water. This has been known for ages, now modern science has verified.

In the teachings of Gurdgieff Self-remembering is the most important thing. It is also the most difficult.

Emotional imprints set in place before conscious awareness of them affects perception of the Present. Instances perceived now are often just responses to the past being re-created in the present. The past cannot be changed, but response to the Present can be, which paradoxically can change the past.

By not reacting to life, but allowing the unconditional nature to occur, fear is surrendered and the beauty shines through.

A new day has the possibility of being reborn when you die to the old you and approach the world with fresh eyes. The eye of the heart, that pinpoint spot in your center that has been there since birth, has the connection that is sought through all endeavors of life. Make it a great day, full of ups and downs, uncertainty and grace. Embrace the foibles. Open to appreciation to the things that would normally disgust. Be willing to be embarrassed and surprised. At least once resist knowing with certainty what something is or, who someone is to you. Walk into the "known" with an unconditional attitude and see if something is different. See if you can find the heart center connection in any of it.

It is not the works in this world that hold any significance in the grand scheme of things. It is the inner work that changes how you see the world that is of greatest value.

There is no real enemy other than oneself. It's hard to comprehend the vibrational reality vs. the manifest (solid seeming) reality, but non-form informs form. Intention proceeds and influences action and manifestation. The etheric being influences thought patterns (form) which then effects manifestation. Relationship with the ethereal aspect of oneself sets the impressions which get translated by thought feeling and then tends to manifest in form as things, situations, etc. So, relational awareness of the inner Self is the most important thing one can do. That affects everything in ones life. It's the subtle relationship with the Self that shows up as a life sized quantum slit experiment. Only this is not an experiment. It's living reality. Subtle inner dialogue manifests in ones immediate environment. The subconscious mind displays itself right in front of you.

Do you surrender your power to someone, or something else? The thing is, whenever a thing is taken personally, you've surrendered your power. Life is impersonal. To take personally is to identify with the transient illusion. It is to identify with an idea. Inherent in that nature is suffering due to the laws of Karma. To take something personally is to enforce the rules of separation which dictate chaos and pain. Conditions appear to support this. In Truth, there is no real separate nature; there is no individual. When one looks at life circumstances impersonally he or she might see the connection between what seems to be happening and theyselves. That begins to bridge the gap between the illusion of you and me as separate individuals. Healing is an automatic by-product as the relationship with the mind shifts and unconscious guilt is released.

If you follow the trail of why you care about what you care about it will come to only two conclusions;

Love or fear.

When I look for guidance I look to those whom embody what they teach. When I look to create peace I look for guidance from those that are peaceful. When I look for financial advise I look to those who have become successful using the very methods they teach. When I look to spirituality I look to those that embody their methods.

Intellectual and theoretical knowledge is not knowledge at all. Most information available is a reselling and retelling of something else. Embodiment means one has tried and tested their beliefs and come to deeper realization of the truths within ones own experience. To understand the nature of the mind, one must test and retest their beliefs to see what is really true. Until then, the only accurate assumption that one can make is that they don't really know what is happening.

What you do in the world does not matter. Give up the idea of good or, bad; right or, wrong. Give up the arrogance of positionality. Only then will you see your own Self-deception. Only when you fully accept things as they are and sit in the discomfort, being with what Is, will a deeper level of understanding come to you. Resist the urge to action. Temper the conditioned habitual response. When one stops playing the game of form and matter the higher teachings make sense. They become experiential not theoretical. Only then will you see that everything is perfect as it is and cannot be otherwise. The shifting of atoms from one appearance to another has nothing to do with the Self. The shifting of atoms from one appearance to another has nothing to do with Reality. The shifting of atoms from one appearance to another has nothing to do with anything. The shifting of atoms from one appearance to another only matter when one makes it matter. The way to make matter is through belief which is only a limited thought. Expanded thoughts diminish beliefs. Expansive thoughts are inclusive. Your only choice is to expand or contract in any given moment. That is your free will. The appearance of it does not really matter.

The breath does not think. It does not plan, regret, or worry. It does not anticipate, restrict, or validate. The breath does not seek approval, nor make demands. It just is; moving in and out. Breath supports life simply by its steady movement. It does not require peace, or comfort to be. However, it provides much. When you're with the breath you can share in these qualities. The breath gives one access to that unfettered part of you; the internal wisdom and guidance. In times of upheaval the breath is where to go when you notice you've been pulled outside of yourself. When life stokes fear, anger or uncertainty remember to be conscious of the breath.

Drop all expectations. It's like leaving a bag of shit on your own doorstep. Eventually, you're going to step in it. Expectations set up discordant energy patterns in the mind which tend to set up a scenario for manifest disappointment by blocking awareness of subtle feelings. Discordant patterns are not in harmony, or synchronicity with who you are.

If you think this is your first time around the block consider the amnesia that occurs going through the birth canal. Nothing really dies, only changes form as the state changes.

Attention has potential energy. Placement of attention focuses energy making it kinetic. It seems responsible to pay attention to all of the atrocities happening now and irresponsible to not, but if the laws of physics holds true the latter is the best option. When power is taken away from the motor it eventually stops. Focused attention provides the power. Focused attention while related to fear is destructive, even if the intentions are good. Only focus on the good and power that motor.

Vilify no one. Even those that disgust you and seem to do horrendous things. When we surrender our own anger and hatred; our own self judgment and condemnation another way to see the world emerges. In order it turn ore into steel it must be heated in the fire. The same is with our emotions and response to life. When an object outside of oneself is given blame of one's feelings we've effectively sidestepped the fire resulting in nothing but the same bunch of crude, rough ore. The ore, so to speak, wants to get turned into steel, so will continually present itself to the fire, but it's the individual will that allows it to go in or not.

We've been duped by Greek plays where the persona was the role the actor played while wearing a mask with a megaphone built in to project to the audience. That word has since become treated as one's identity. We forgot that it was just a mask and not the Being within the mask. The essence of man is not the character he or she plays. Ones identity is not limited to, or defined by the mask.

Those who seem to push our biggest buttons are also our liberators. The world constantly shows us who we are in the moment. The world shows us our hidden side in plain view. It's just learning how to relate that makes the difference. I may see something in you that triggers something in me. But I am not asking you to change just because I was triggered. Instead I am grateful that you showed me something that was hidden from my view. It took your actions for it to be revealed in me. It is only at that point that I have a choice in what I see. And what I see in you affects how you show up to me. There are only two ways to see; whole or broken. So if I can let go of my judgment you are free from my invisible tether that binds you.

The unfoldment of life is a mystery, yet it reveals itself continually.

Those that shout at the world for its injustice are the least likely to see their own part in keeping the injustice alive. So condemn not the villain, but seek to understand.

Perspective is relative to the position held. When the position is changed the view becomes different.

Always go back to the breath.

Coming soon.... A personal account of the reflective nature of reality. Get to know what makes Clayton tick. This is an intimate introduction to the meeting ground of the physical and spiritual worlds.

A traumatic ski injury left Clayton unable to walk unaided for nearly six months forcing him to look at his suicidal depression and deep seated feelings of unworthiness. Losing everything he owned forced him to find a new way to relate with life. Since then, his life has turned into a miraculous blessing. Magic and miracles are a normal occurrence that he has discovered is our natural state when unmasked by conditions. Join him on his journey of awakening and you might find that your life is just as miraculous. Each footstep is protected by grace.

I find that first thing in the morning is the best time to check in with gratitude and set a tone for the day to follow. In the quietness there is an inner-guide that can be heard before the busyness begins.

I hope you've found this book thought provoking and enjoyed the photos. I love to share the sunrise from this beautiful neighborhood I've called home for the last 30 years.

Thoughts From Sunrise, LLC
www.thoughtsfromsunrise.com
awake@thoughtsfromsunrise.com

All photos were taken from these beaches in East Rogers Park, Chicago

Please visit my personal site for more information on non-duality. (That may seem to be a paradoxical absurdity, to have a persona on non-dualty, but when you understand the hidden nature of identification and perception it's quite alright.)

www.claytonjarvinen.com

Zo s

Scorpion

Paloma
Yin

Leila
Sabrina

Brigit
Momo

Zodiaque des filles

Scorpion

23 octobre au 21 novembre

Publié par **Presses Aventure**,
une division de Les Publications Modus Vivendi inc.
55, rue Jean-Talon Ouest, 2e étage
Montréal (Québec) H2R 2W8, CANADA

Éditeur : Marc Alain
Responsable de collection : Marie-Ève Labelle
Designer graphique : Catherine Houle
Illustratrice : Roselyne Cazazian
Auteure : Karine Blanchard

Dépôt légal - Bibliothèque et Archives nationales du Québec, 2010
Dépôt légal - Bibliothèque et Archives Canada, 2010

ISBN 978-2-89660-124-0

Nous reconnaissons le soutien financier du gouvernement du Canada par l'entremise du Programme d'aide au développement de l'industrie de l'édition (PADIÉ) pour nos activités d'édition.
Gouvernement du Québec – Programme de crédit d'impôt pour l'édition de livres – Gestion SODEC

Imprimé au Canada

Table des matières

Le mot de Keera

En tant que spécialiste des sciences occultes, je crois au karma, à la transformation personnelle, à la régénération et, plus que tout, au renouvellement. Je sais me réinventer et je suis très spirituelle.

Ainsi, quand il est question de zodiaque, je suis séduite ! Non pas parce que je prends tout au pied de la lettre, mais parce que je trouve que c'est un complément intéressant à ce que me dit ma **petite voix**. La lecture de ces caractéristiques et de ces pronostics m'aide à comprendre mes **impulsions** et mes intuitions. Je me vante d'être mystérieuse, romantique et théâtrale. Et je trouve l'écho de tout ça dans la description qu'on fait ici d'une Scorpion. C'est sympa, non ? Oui, en vraie Scorpion, je poursuis mes **rêves** avec intensité, je n'abandonne jamais. Je suis entière, presque obsessive, je vis chaque émotion à la puissance mille. Oui, je suis **exigeante**, mais surtout envers moi-même. Oui, je suis forte, mais je suis si sensible à la fois. Mes amies sont de précieuses confidentes, mais ma plus fidèle alliée, c'est moi-même. Je sais me garder un **jardin secret**, et s'il passe pour de l'égocentrisme, ça ne me décoiffe pas. Je sais ce que je veux, comme je sais où je m'en vais. Et toi, trouves-tu qu'on se ressemble ? J'espère que tu trouveras dans ces pages des réponses à tes questions, et le pouvoir de croire en toi-même !

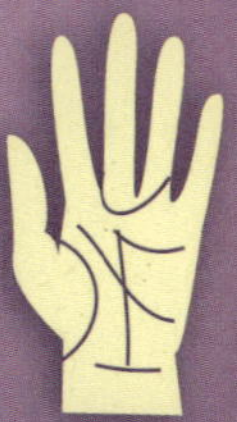

ASTRO-

Pourquoi les gens sont-ils si attirés par les sciences occultes, les voyants, les cartomanciens, les diseurs de bonne aventure ? Si on est bien honnête, c'est toujours séduisant d'entendre parler de soi par quelqu'un qui n'est pas censé nous connaître. Pour ce qui est des prédictions, s'agit-il de vérités absolues ou de mensonges de charlatans ? Peut-on vraiment prédire l'avenir ? Est-ce vraiment rassurant de connaître ce qui nous attend ? Cette tendance à vouloir tout prévoir ne nous empêche-t-elle pas plutôt de vivre à fond notre présent ? Que de questions !

Au-delà de toutes ces interrogations, il reste que l'astrologie (qu'elle soit vue comme une science exacte ou un passe-temps amusant) nous permet de faire des parallèles entre les individus, de regrouper des personnes nées à une même période sous un ensemble de particularités communes, de traits de caractère semblables. L'être humain est fait comme ça : on a besoin de s'associer, de se rassembler... on veut se ressembler pour mieux mettre en lumière nos différences et finalement se rendre compte qu'on est tout à fait unique, quoi qu'en disent les astres !

-POP

L'astrologie, c'est plus que cette conception populaire qu'on a, c'est plus qu'une anti-science dont on se sert pour prédire l'avenir, c'est avant tout un outil pour se connaître. C'est une arme secrète qui te permet de mieux comprendre tes réactions et donc de mieux les anticiper. Tu peux ainsi avoir un meilleur contrôle sur tes émotions, ta façon de voir les choses.

Comment ça fonctionne?

Certaines des caractéristiques que tu partages avec d'autres s'expliquent par la position des planètes au moment de ta naissance. Sceptique? Vois-le différemment. Naturellement, dans la vie, il est facile de remarquer que tu as des affinités avec certaines personnes et plus de difficulté à comprendre les autres. Tu peux aisément admettre que tu as des talents que d'autres n'ont pas et que tu sembles prédestinée à réussir dans tel ou tel domaine, alors que ta sœur ou ta meilleure amie n'y arrive pas du tout. C'est ce qui rend la vie intéressante! C'est merveilleux de constater comment, entre amies ou en famille, les personnalités se complètent ou s'opposent. L'astrologie est donc simplement un domaine d'étude qui tend à mettre des mots sur ces tendances naturelles qui, selon elle, sont dictées par la position des planètes et des étoiles.

Mais qu'est-ce que le zodiaque?

Le terme « **zodiaque** » tire son origine d'une suite de mots grecs qui, en gros, veulent dire « chemin de la vie » ou « roue du destin ». C'est pourquoi on en représente les signes sur une « **roue** », un cercle partagé en 12 parties égales correspondant au cycle des saisons, lui-même géré par la rotation du soleil. Ce sont les 12 signes solaires du zodiaque.

Ainsi, ton signe est déterminé par la position du soleil au moment de ta naissance. Le signe associé à ta date d'anniversaire est donc ton signe solaire ou principal. L'heure précise de ta naissance détermine ensuite quel ascendant s'ajoute à ton signe pour influencer les paramètres qui déterminent ton **caractère**, ta personnalité et ta vision du monde. (Pour en apprendre davantage sur ton ascendant et voir comment celui-ci peut affecter ton signe, va voir à la page 20.)

Les signes solaires sont également regroupés sous les **4 éléments**, facteur qui ajoute une dimension à l'explication des composantes complexes de ton signe. Tu vois, chaque détail entourant les circonstances de ta **naissance** est censé avoir une incidence sur ta façon de voir la vie et l'interaction que tu as avec les autres. Toutes ces influences se retrouvent alors dans chacun de tes charmes et dans chacune de tes petites manies.

JUILLET
AOÛT
SEPTEMBRE
OCTOBRE
NOVEMBRE
DÉCEMBRE
JANVIER
FÉVRIER
MARS
AVRIL
MAI
JUIN

SIGNES D'AIR
Les réfléchies

Gémeaux
Mobilité • Communication • Dispersion

Balance
Équilibre • Diplomatie • Indécision

Verseau
Inventivité • Indépendance • Insoumission

SIGNES DE TERRE

Les concrètes

Taureau

Rationalisme · Ténacité · Autorité

Vierge

Analyse · Précision · Manie

Capricorne

Bon sens · Endurance · Opportunisme

SIGNES DE FEU
Les actives

Bélier
Fougue • Combativité • Impatience

Lion
Puissance • Force de caractère • Fierté

Sagittaire
Enthousiasme • Conquête • Brusquerie

SIGNES D'EAU
Les émotives

Cancer

Imagination · Romantisme · Caprice

Scorpion

Mystère · Exigence · Rancune

Poissons

Compassion · Intuition · Illusion

Cela dit, nous sommes peut-être encadrées par toutes sortes de forces cosmiques qui influencent notre caractère et nos humeurs, mais il reste que notre plus fidèle allié, c'est notre libre arbitre. Tu dois toujours te rappeler que c'est toi qui fais tes choix et que, peu importe ce que te dicte le ciel, c'est ta personnalité et les décisions que tu prends qui font de toi la personne merveilleuse que tu es.

Le bonheur d'être une fille, c'est de pouvoir faire des choix, de pouvoir être soi-même, de pouvoir être libre, d'avoir de précieuses amitiés, de pouvoir rire et pleurer sans être jugée, d'être fidèle à ses valeurs, de prendre sa place... et de vivre, le sourire aux lèvres et le cœur content, malgré tous les petits aléas de la vie, les grands bonheurs et les petits chagrins.

c'est ta personnalité et les
font de toi la personn

Ce guide rigolo et amusant te donne des pistes de **réflexion** et d'introspection... et de quoi échanger avec tes **copines** pendant des heures. Au moyen des trucs que tu trouveras ici (et après les avoir mis à l'épreuve avec tes amies), tu auras en main tout ce qu'il faut pour déterminer quelles particularités de ta personnalité s'apparentent à celles des filles du même signe que toi et comment ces mêmes caractéristiques te confirment malgré tout à quel point tu es **unique** !

Les

ascendants

Tu as certainement déjà entendu dire qu'en plus d'un signe, le moment précis de ta naissance t'a attribué un ascendant. Renseigne-toi d'abord pour connaître l'heure de ta naissance. Consulte ensuite le tableau à la page suivante pour savoir quel est ton ascendant et de quelle façon ce dernier peut influencer les caractéristiques de ton signe.

Tableau des ascendants

SIGNE HEURE	BÉLIER	TAUREAU	GÉMEAUX	CANCER	LION	VIERG
6 h à 8 h	Taureau	Gémeaux	Cancer	Lion	Vierge	Balan
8 h à 10 h	Gémeaux	Cancer	Lion	Vierge	Balance	Scorpi
10 h à 12 h	Cancer	Lion	Vierge	Balance	Scorpion	Sagitta
12 h à 14 h	Lion	Vierge	Balance	Scorpion	Sagittaire	Caprico
14 h à 16 h	Vierge	Balance	Scorpion	Sagittaire	Capricorne	Versea
16 h à 18 h	Balance	Scorpion	Sagittaire	Capricorne	Verseau	Poisso
18 h à 20 h	Scorpion	Sagittaire	Capricorne	Verseau	Poissons	Bélier
20 h à 22 h	Sagittaire	Capricorne	Verseau	Poissons	Bélier	Taurea
22 h à 24 h	Capricorne	Verseau	Poissons	Bélier	Taureau	Gémeau
24 h à 2 h	Verseau	Poissons	Bélier	Taureau	Gémeaux	Cancer
2 h à 4 h	Poissons	Bélier	Taureau	Gémeaux	Cancer	Lion
4 h à 6 h	Bélier	Taureau	Gémeaux	Cancer	Lion	Vierge

LANCE	SCORPION	SAGITTAIRE	CAPRICORNE	VERSEAU	POISSONS
orpion	Sagittaire	Capricorne	Verseau	Poissons	Bélier
gittaire	Capricorne	Verseau	Poissons	Bélier	Taureau
pricorne	Verseau	Poissons	Bélier	Taureau	Gémeaux
erseau	Poissons	Bélier	Taureau	Gémeaux	Cancer
oissons	Bélier	Taureau	Gémeaux	Cancer	Lion
Bélier	Taureau	Gémeaux	Cancer	Lion	Vierge
aureau	Gémeaux	Cancer	Lion	Vierge	Balance
émeaux	Cancer	Lion	Vierge	Balance	Scorpion
Cancer	Lion	Vierge	Balance	Scorpion	Sagittaire
Lion	Vierge	Balance	Scorpion	Sagittaire	Capricorne
Vierge	Balance	Scorpion	Sagittaire	Capricorne	Verseau
Balance	Scorpion	Sagittaire	Capricorne	Verseau	Poissons

Signification de chaque ascendant pour la Scorpion

Si tu as un ascendant Bélier...

Toi, tu n'es pas une lâcheuse ! Tu es forte et audacieuse, tu as confiance en toi et rien ne peut t'arrêter. Passionnée, entière et intense, tu as soif d'absolu. Pour toi, tout est blanc ou noir, ce qui te rend un peu intransigeante et souvent tourmentée, car même si tu canalises bien tes émotions, tu ne peux pas composer avec les zones grises, avec l'incertitude. Côté cœur, gare aux montées de jalousie destructrice.

Si tu as un ascendant Taureau...

Tu es la plus superficielle des Scorpions. Ton côté pragmatique te confère le don de bien gérer tes actifs, ce qui fait que tous tes efforts sont déployés pour entretenir ton bien-être matériel. Certains diront que tu es assez difficile à vivre, car tu es têtue, exigeante et possessive. Cela dit, ta fougue est très stimulante pour ceux qui t'entourent; reste que ces derniers doivent savoir être accommodants et flexibles !

Si tu as un ascendant Gémeaux...

D'une grande intelligence, tu as le pouvoir de manipuler les autres dans ton intérêt. Tu sais tirer profit des qualités d'autrui. Tu as donc un talent inégalé pour les affaires. Ton aisance relationnelle peut cacher une grande blessure émotive, ce qui te rend très secrète et difficile à cerner. En amour, tu ne supportes pas la routine.

Si tu as un ascendant Lion…

Magnétique, charmante, puissante… rien ne te résiste. Ton petit défaut : ton orgueil. Il est si fort qu'il te mène parfois vers des conflits. Il te faudra du temps pour t'attacher à quelqu'un, parce que tu as de la difficulté à concilier tes émotions et tes ambitions. Cela dit, une fois conquise, tu ne reculeras devant rien pour gâter tes proches.

Si tu as un ascendant Cancer…

Idéaliste, rêveuse et profondément intuitive, tu es affectueuse et romantique. Par contre, tu attends la même chose, sinon plus, en retour. Tu es présente, mais exigeante. Cette dualité se transpose dans la pratique, alors que, bien que tu sois plutôt timide, tu peux t'avérer féroce quand il s'agit de prendre des décisions rationnelles.

Si tu as un ascendant Vierge…

Tu es vouée à la réussite. Émotive, mais lucide, tu veux toujours bien faire et tu te laisses rarement aller. Tu es si soucieuse de bien paraître que tu dois lutter avec certains complexes et de nombreuses angoisses. Pourtant, tu es remplie d'une force et d'une passion insoupçonnées.

Si tu as un ascendant Balance…

Tu as un peu de difficulté à gérer tes émotions et ça te rend très, très sévère envers toi-même. Côté cœur, tu as tendance à choisir la sécurité plutôt que la passion. Les portes du domaine artistique te sont ouvertes. Tu as moins le sens des affaires, mais ton intuition saura toujours te servir.

Si tu as un ascendant Scorpion…

Toutes les caractéristiques qui te définissent comme Scorpion sont ici poussées à l'extrême. Ton intuition est si forte qu'elle frise la clair-voyance. Ton pouvoir est si grand que rien ne te résiste. Ton intensité n'a d'égal que ta possessivité. Tu veux tout, tout entier, tout de suite !

Si tu as un ascendant Sagittaire…

Ton côté Scorpion te pousse à te réinventer, alors que ton ascendant Sagittaire te conforte dans tes habitudes. Ton inconscient veut te faire progresser, mais ta rationalité s'exprime dans des choses pratiques. Tu es courageuse et aventureuse. Tu es aussi une candidate idéale aux coups de foudre. Quand ta passion est interpelée, tu as le pouvoir de réaliser de grands projets.

Si tu as un ascendant Capricorne...

Réservée, mais volontaire, enthousiaste, mais rationnelle, tu cultives de fortes amitiés, mais, côté cœur, c'est toujours plus ardu. Tu auras davantage de facilité à t'épanouir dans ta carrière que dans ta vie familiale. Tu es très intelligente, lucide et perspicace.

Si tu as un ascendant Verseau...

Tu es généreuse, ingénieuse, aventureuse, fidèle, forte, logique et séduisante. Mais tu es aussi instable, têtue, frondeuse et secrète. Tu as les qualités de tes défauts. Tu es une amie exemplaire, mais une amoureuse un peu timide et expéditive.

Si tu as un ascendant Poissons...

Un tantinet trop rêveuse, ton jugement est parfois faussé par tes émotions envahissantes. Par contre, ton intuition vient alors à ta rescousse. Encore faut-il que tu sois à l'écoute ! Tu es inspirée, chanceuse et opportuniste, ce qui, dans plusieurs situations, peut se révéler une combinaison gagnante. Les domaines qui font appel à l'art et à l'imagination sont faits sur mesure pour toi.

Dis-moi quelle est ta maison et je te dirai qui tu es

Eh non, ce n'est pas tout ! Parmi toutes ces choses qui influent sur ce que tu es et ce que tu deviendras, il y a non seulement des planètes, des signes et des ascendants, mais il y a aussi des maisons. Les maisons sont au nombre de 12 (comme les signes) et représentent les « secteurs cosmiques » du zodiaque.

Essentiellement, si les planètes sont supposées t'éclairer sur tes forces et tes faiblesses, les signes et les ascendants te guideront davantage sur ta façon de réagir face à diverses situations. Les maisons, quant à elles, représentent plutôt des domaines, des champs d'activité où tu sembles t'épanouir plus facilement.

En d'autres mots, les maisons parlent de ton rapport au monde. La maison associée à ton signe te renseigne sur un aspect présent en force dans ton existence.

Les 12 maisons du zodiaque sont en lien avec chacun des 12 signes. Leur signification n'est pas absolue, mais elle donne de bonnes pistes de réflexion, tu vas voir. Détermine à quelle maison ton signe est associé et tu verras dans quelle mesure les domaines décrits correspondent à ton univers.

On pourrait ajouter que les 6 premières maisons sont plus centrées sur l'individu et que les 6 dernières se concentrent sur les relations extérieures.

La maison I • Bélier

Équinoxe du printemps

Maison de la personnalité, aussi appelée maison de l'ascendant

Mots-clés : introspection, dynamisme, vitalité.

Cette maison rappelle l'importance d'une personnalité bien ancrée, de la force de l'ego. Elle va souvent de pair avec une forte conscience de l'apparence physique et du comportement.

Autrement dit : Tu sais qui tu es et ce que tu vaux.

La maison II • Taureau

Maison des possessions

Mots-clés : appétit, possessivité, superficialité.

Cette maison souligne l'effort... récompensé par le gain. On y décerne la plupart du temps un grand intérêt pour les biens matériels.

Autrement dit : Tu magasines peut-être un peu trop ! Surveille ton budget...

La maison III • Gémeaux

Maison de la communication

Mots-clés : ouverture, entregent, apprentissage.

Cette maison est le domaine de la famille, de l'entourage proche, de la proximité entre frères et sœurs. On y associe de grandes qualités de communication et de facilité dans les études. Elle relève également de tout ce qui touche à la technique, à la pratique.

Autrement dit : Presque verbomoteur, tu ne lésines pas sur les mots pour défendre et protéger ceux que tu aimes.

La maison IV • Cancer

Solstice d'été

Maison de l'origine

Mots-clés : émotivité, nostalgie, romantisme.

Cette maison est en lien avec tout ce qui a trait à l'hérédité, aux ancêtres, aux racines. C'est le domaine des questionnements sur le passé pour mieux comprendre l'état actuel. On y décèle une grande importance de la famille et en particulier une forte influence paternelle.

Autrement dit : Tu adores ta famille et tu es fière de tes origines.

La maison V • Lion

Maison des loisirs

Mots-clés : plaisir, créativité, action.

Cette maison est le lieu de toutes les dynamiques de vie. On y associe les plaisirs de l'enfance, les jeux, la chance et l'art. C'est une maison où la priorité se retrouve dans les choses agréables.

Autrement dit : Chanceuse ! Ha ! ha ! Chose certaine, tu aimes les enfants et eux aussi sont naturellement attirés vers toi.

La maison VI • Vierge

Maison du devoir

Mots-clés : travail, réalisme, santé.

Cette maison est associée aux choses physiques, terre-à-terre. C'est le domaine du travail, du devoir, de la fiabilité au quotidien. On y retrouve une grande préoccupation pour la santé et l'hygiène de vie. C'est également une maison associée au soin des animaux.

Autrement dit : Oui, tu pleures quand le lion meurt dans *Narnia*, mais tu es organisée, vaillante et douée.

La maison VII • Balance

Équinoxe d'automne

Maison des relations, aussi appelée la maison du descendant

Mots-clés : perception, ambivalence, union.

Cette maison est l'opposée de la maison I et s'inscrit donc dans la perception de l'autre plutôt que dans l'introspection. On s'y définit à travers l'autre. C'est une maison où l'association avec autrui est primordiale.

Autrement dit : Tu accordes beaucoup trop d'importance à ce que pensent les autres, surtout ceux que tu aimes et que tu ne veux pas décevoir. Fais-toi confiance !

La maison VIII • Scorpion

Maison de la transition

Mots-clés : pouvoir, évolution, manipulation.

Cette maison est le berceau de la transformation. Elle est très souvent associée à un intérêt marqué pour les sciences occultes. Elle concerne tout ce qui s'acquiert par la ruse et fait souvent état de choses cachées et de mystères.

Autrement dit : Tu es la reine de l'entourloupette et tu le sais. Tâche de t'en servir pour de nobles causes.

La maison IX • Sagittaire

Maison de l'ouverture

Mots-clés : compréhension, confiance, spiritualité.

Cette maison est le repaire des voyageurs. Elle évoque l'ouverture d'esprit, l'attrait de l'étranger, une soif de connaissance. On y associe d'ailleurs un certain goût pour les études supérieures. Elle fait partie du domaine de la conscience et des grands idéaux.

Autrement dit : Si tu as de grands projets, quels qu'ils soient, rien ne peut t'arrêter. Ta seule limite est ton imagination.

La maison X • Capricorne

Solstice d'hiver

Maison de la reconnaissance

Mots-clés : ambition, élévation, honneur.

Cette maison est le fondement de la carrière professionnelle. Elle évoque la réussite sociale. Dans cette sphère, on atteint les buts visés en gravissant chaque échelon. C'est une maison vouée à l'aboutissement des projets. On y dénote une forte influence maternelle.

Autrement dit : Tu es une travailleuse acharnée. Et tu obtiendras des résultats. La célébrité est à ta portée (si ta mère est d'accord ! ;-)).

La maison XI • Verseau

Maison de l'amitié

Mots-clés : vision, collectivité, positivisme.

Cette maison est la source des élans humanitaires et des objectifs collectifs. On y retrouve l'importance de s'associer pour progresser. Elle est le siège de l'amitié fidèle et durable. Contrairement à la maison V, qui est plus individuelle, ici, le plaisir se vit dans l'interaction avec les autres.

Autrement dit : Tu es bien quand tu es entourée. Avec le soutien nécessaire, tu pourrais faire bouger une montagne.

La maison XII • Poissons

Maison de l'indépendance

Mots-clés : force, solitude, secret.

Cette maison est le siège de la force devant l'épreuve. On l'associe également à l'intégrité devant l'adversité. Elle va généralement de pair avec une certaine tendance à vouloir s'isoler, mais relève d'une grande sagesse intérieure. Le rapport à l'autre y est plus discret.

Autrement dit : Oui, tu as du caractère, oui, tu es forte, mais sors un peu de ta bulle, d'accord ?

La Scorpion...

Date : Du 23 octobre au 21 novembre

Jour : Mardi

Élément : Eau

Forces : Détermination, intuition

Faiblesses : Jalousie, compulsion

Maison : Huitième

Planète : Mars

Saison : Automne

Couleur : Violet

Pierre précieuse : Topaze

Fleur : Chrysanthème

Villes et pays : Dublin, Nouvelle-Orléans, Norvège, Roumanie

Le caractère Scorpion : Indépendante, autoritaire, forte, sensible, acharnée, égoïste

Devise : Rien ne se perd, rien ne se crée.

Les qualités de

Aventureuse

Intuitive

Déterminée

Charmante

Vaillante

Impliquée

Mystérieuse

mes défauts

Effrontée

Irréfléchie

Obsessive

Manipulatrice

Obstinée

Interférente

Secrète

Voilà un portrait peu reluisant… Mais non ! Ce n'est qu'une caricature amusante qui en dit long sur notre perception des choses.

Allez, ne prends pas ça au pied la lettre ! C'est vrai, les Scorpions sont souvent montrées du doigt. C'est le « méchant » signe du zodiaque. Ça doit simplement être à cause du symbole. À première vue, c'est vrai que c'est impressionnant, un scorpion. Et, sois honnête, ce n'est pas pour rien qu'il arbore un pique, celui-là ! Tu aimes bien piquer ton entourage... tant que ça ne se retourne pas contre toi ! Orgueilleuse et fière, tu aimes bien avoir le contrôle sur ton environnement. Malheureusement, on ne peut pas changer ce que pensent les autres, mais on peut s'en servir pour se remettre en question et mieux se connaître. Qu'en dis-tu ?

Être Scorpion au jour le jour

La Scorpion en amitié

Dotée d'un magnétisme indéniable, la Scorpion attire les autres. Elle a un je-ne-sais-quoi qui fait en sorte qu'à l'école, entre autres, tout le monde veut être son amie. Ou, à tout le moins, tout le monde veut avoir son approbation. En d'autres mots, personne ne veut la contrarier. On veut être aimé de la Scorpion, pas se retrouver sur sa liste noire ! De plus, elle semble difficile d'approche... et, contrairement à ce que dégage la Vierge, par exemple, ce n'est pas une illusion. La Scorpion se retrouve souvent au centre d'un cercle d'amies exclusif et restrictif. Ses amies sont des élues, mais elle le leur rend bien. Fidèle, loyale, sensible et à l'écoute, c'est une amie précieuse. Par contre, si elle est blessée, elle restera hostile longtemps. Cependant, il ne faut pas s'y méprendre. Elle démontre souvent son affection par la raillerie. Ses amies doivent être conciliantes et compréhensives. D'ailleurs, la Scorpion est l'une des seules filles du zodiaque qui ne doit pas se lier d'amitié avec quelqu'un du même signe qu'elle : flammèches assurées !

ma
liste
noire

La Scorpion en amour

La Scorpion, c'est une séductrice. Elle aime plaire, mais ces flirts sont souvent sans fondement. Oui, il est très difficile de percer la carapace d'une Scorpion. C'est une amoureuse dévouée et sensuelle lorsque conquise. Mais si on la prend de travers, elle sait être froide et distante, mieux que quiconque. Passionnée et charmante, voire ensorceleuse, elle fascine et captive les garçons qui, eux, tentent de percer ses mystères. Mais attention, messieurs, si vous êtes trop admiratifs, elle vous trouvera ennuyants.

La Scorpion vit souvent des relations tourmentées, en montagnes russes, parce qu'elle est trop intense, entière et exigeante. Son besoin de séduire constamment rend la tâche difficile à son amoureux, mais s'il est fort et patient, il saura composer avec son indépendance et trouver le moyen de la garder auprès de lui. Elle a besoin de relations de complémentarité. Avec de la bonne volonté, si elle arrive à déjouer les pièges de sa jalousie et de son orgueil flamboyants, elle peut faire durer ses relations.

La Scorpion à l'école

Intelligente, maligne et têtue, la Scorpion a ce qu'il faut pour réussir à l'école. Elle performe bien, sans être première de classe. Son indépendance lui fait détester les travaux en équipe. Elle est à son affaire, mais elle fait toujours à sa tête. Son manque d'esprit de compromis rend difficile son intégration dans un groupe.

Son flair lui rend souvent service lors d'examens et d'évaluations. Ce qui lui manque en assiduité dans ses études, elle le regagne en intuition. Son côté fonceur et meneur s'exprime davantage au sein de son groupe exclusif d'amis, où elle sait qu'elle détient… peut-être pas la science infuse, mais presque. En classe, elle n'interviendra que si elle est obligée de le faire. Encore une fois, son orgueil ne lui permet pas de prendre la chance de donner au prof une mauvaise réponse.

La Scorpion en famille

En famille, l'important, c'est son confort. Elle n'a pas un besoin viscéral du noyau familial. Du moins, c'est ce qu'elle veut laisser paraître. La Scorpion peut se détacher des valeurs familiales et des préceptes parentaux s'ils vont à l'encontre de ses principes. Cette apparente rébellion laisse toutefois supposer qu'elle souffre d'être incomprise et qu'elle manque d'affection. C'est plus facile pour elle de se détacher de ce qui ne la satisfait pas que d'affirmer son inconfort et de devoir le justifier, puis d'être appelée à trouver des solutions de bonne entente.

Si elle est la plus jeune, elle voit sans doute sa sœur plus âgée comme un modèle, mais se ferait passer sur le corps avant de l'admettre. On verra souvent la cadette appeler son aînée « ma petite sœur », pour se donner une contenance, mais, au fond, elle n'espère et n'attend que son approbation. Si elle est la plus vieille, elle assumera parfaitement cette « supériorité » et n'hésitera pas à s'en servir pour manipuler ses proches. Chez la Scorpion, les relations entre frère et sœur sont plus saines (à cause de la complémentarité) qu'entre sœur et sœur (à cause de la compétitivité).

Keera

Surnom : Fée

Date de naissance : 26 octobre

Signe astrologique : Scorpion

Quelque chose qu'il faut savoir à mon sujet :

je sais lire dans les lignes de la main.

Ce que j'apprécie le plus chez mes amies :

leur franchise, leur disponibilité.

Mes principaux défauts :

je suis un peu fermée, obstinée
et exigeante.

Mes principales qualités :

je suis volontaire, à l'écoute,
honnête et intègre.

Mes occupations préférées :
écouter des films d'horreur, inventer des histoires.

Ce que je voudrais être :
écrivaine de romans médiévaux.

Ce que je déteste par-dessus tout :
la faiblesse, l'inertie, le jaune.

Mon héros de la vie réelle :
ma grand-mère maternelle Maeva.

Mon héros fictif favori :

Dracula.

La musique qui me fait vibrer :

la musique celtique,
la musique de films.

Mes films préférés :

les films d'horreur; plus ils sont glauques, mieux c'est !

Ce que j'aime

- Mon journal intime
- Korbo, mon corbeau
- Le look gothique
- Les défis
- Les cerises noires
- Les chandelles
- Les libraires ésotériques
- Lire sur l'histoire de ma famille
- Essayer de nouveaux plats

Ce que je déteste

- Les trucs trop citronnés
- La musique pop bonbon
- Les romans-savons
- La malveillance
- L'abus des personnes âgées
- Me lever tôt
- Les sports d'équipe
- Les enfants gâtés
- Les choux de Bruxelles

Comment je vois le monde ?

Toutes mes amies le savent, je vois le monde à travers des lunettes mauve... foncé. Les trivialités de la société ne m'intéressent pas. En fait, je trouve ça trop déprimant. Tout ce qu'on voit dans l'actualité mine mon moral et, au lieu d'agir, je l'avoue, j'aime mieux m'en détacher pour mieux me réfugier dans mes mondes imaginaires. Rien n'est trop beau – ou trop vilain. Je carbure à ces histoires fantastiques, romantiques, noires ou angoissantes que je crée à même mon imagination. Mes récits, ce sont mes repaires, ce sont mes échappatoires quand ce que je vis et ce que je vois au quotidien devient un peu trop sérieux ou contraignant.

Mes aspirations et mes rêves

Je l'ai bien assez dit, je veux gagner ma vie en écrivant des histoires. Je me vois parfaitement, installée dans la tour de ma maison-château, perchée au bord d'une falaise. J'écrirai des romans envoûtants, à la lumière des bougies, et des lecteurs à travers le monde frissonneront à la lecture de mes histoires aussi fascinantes qu'effrayantes. Bon, je rêve peut-être en couleurs, mais...

Où je me vois dans 15 ans ?

- J'habiterai dans une grande maison, près de la mer (ou dans une contrée lointaine et isolée)
- Je serai une écrivaine reconnue (et publiée dans tous les pays du monde)
- Je donnerai des conférences sur le tragique médiéval (encore une fois, partout dans le monde)
- Je gérerai une entreprise de fabrication de savons à base de plantes aromatiques (j'aurai des centaines d'employés)
- J'aurai peut-être acquis assez de sagesse pour accepter que tout n'est pas réalisable (particulièrement ce qui est entre parenthèses ! Ha ! ha !)

Séance
de signature
avec
KEERA
Maudite ~ KEERA

Dans la tête d'une Scorpion
« J'y arriverai. Je le sais.
J'ai dit.
Point final. »

« On n'est jamais si bien servie
que par soi-même. »

Questionnaire

Es-tu une vraie Scorpion ?

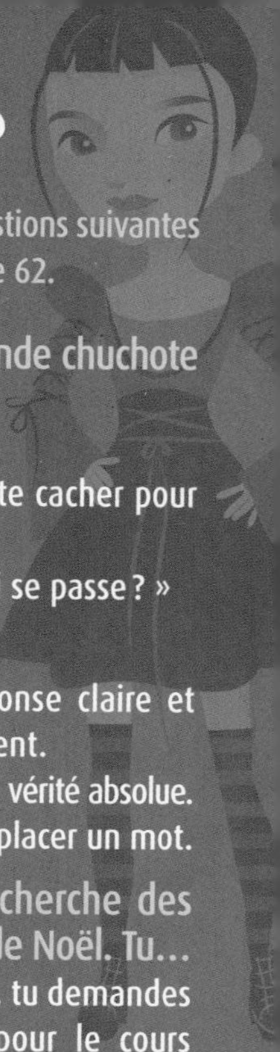

Es-tu une digne représentante de ton signe? Réponds aux questions suivantes le plus honnêtement possible et vérifie tes réponses à la page 62.

1. À l'école, tu marches dans le corridor, et tout le monde chuchote en te montrant du doigt. Tu…

a) Tu ne fais rien. Tu poursuis ton chemin, la tête haute.

b) Tu souris timidement, tu accélères le pas, puis tu cours te cacher pour pleurer ton angoisse.

c) Tu t'arrêtes, puis tu cries : « Quelqu'un veut me dire ce qui se passe ? »

2. Quand tu poses une question, tu…

a) Tu t'attends à ce qu'on te donne la réponse, une réponse claire et concise, puis à ce qu'on t'explique le pourquoi du comment.

b) Tu attends la réponse et tu acceptes ce qu'on te dit comme une vérité absolue.

c) Tu y réponds toi-même avant que ton interlocuteur ait pu placer un mot.

3. Il y a une offre affichée sur le babillard : on recherche des bénévoles pour la collecte de denrées des paniers de Noël. Tu…

a) Tu donnes ton nom comme bénévole, mais, discrètement, tu demandes à la responsable si cette activité donne des crédits pour le cours de socio.

b) Non seulement tu t'enrôles, mais tu poursuis la campagne dans ton quartier.
c) Tu t'impliques, dans la mesure où ton nom sera inscrit comme bénévole en chef sur les affiches de la campagne.

4. Une rumeur dit que ton copain est amoureux de ta meilleure amie. Tu...

a) Tu confrontes ton copain, sans détour. Tu veux la vérité, toute la vérité. S'il patine le moindrement, tu le plaques sans hésiter. Sans regrets.
b) Tu l'appelles en pleurnichant. Tu le supplies de te choisir.
c) Tu confrontes ta meilleure amie. Tu lui fais savoir clairement que si elle ne le laisse pas tranquille, elle aura affaire à toi.

5. À l'école, en français, le projet que tu préfères, c'est...

a) La rédaction d'un projet de journalisme d'enquête. Tu dois inventer des indices, dessiner une scène de crime, résoudre l'énigme.
b) La dissertation d'opinion sur les animaux en voie d'extinction.
c) La conception d'une réclame publicitaire en un sketch de deux minutes présenté devant la classe.

Réponse

Si tu as une majorité de a…

Tu aimes : le mystère, la vérité, l'intégrité… et toi-même. Oui, c'est clair, tu portes le pique de la Scorpion.

Si tu as une majorité de b…

La reine du drame, c'est toi. Tu es ultra-sensible, gentille, un brin naïve. Tu n'as définitivement pas assez de fougue pour te croire Scorpion.

Si tu as une majorité de c…

Princesse des princesses, tu as très (trop) confiance en toi, parfois au détriment de tes pairs. Votre Altesse, vous n'êtes pas une Scorpion.

Quelques Scorpions connus

Bill Gates, grand manitou informatique, cofondateur de Microsoft

Calvin Klein, designer de mode épurée, très garçonne

Marc Labrèche, acteur, humoriste, scripteur… artiste polyvalent québécois

Julia Roberts, actrice hollywoodienne au sourire ravageur

François Mitterrand, quatrième président de la cinquième République de France

Lise Watier, femme de cœur à la tête d'une grande ligne de cosmétiques québécoise

Scarlett Johansson, actrice américaine à la moue séductrice

Marie Curie, physicienne polonaise géniale, prix Nobel de physique

Katy Perry, chanteuse populaire provocatrice

Leonardo DiCaprio
11 novembre

Marie-Antoinette
2 novembre

Les signes avec lesquels j'ai le plus d'atomes crochus

Taureau

Pourquoi ?

- Nous sommes toutes les deux un peu conservatrices, mais superficielles
- Nous aimons toutes les deux la nature
- Ça peut prendre du temps avant que nous soyons amies, mais quand c'est fait, c'est pour la vie

Sagittaire

Pourquoi ?

- Nous nous entendons à merveille parce que l'une ne cherche pas à entrer dans la bulle de l'autre
- Nous partageons un amour pour les soirées mondaines
- Nous avons une passion commune pour les sorties et le mouvement

Balance

Pourquoi ?

- Rien ne semble provoquer des conflits entre nous
- Nous ne nous lassons jamais de discuter; le téléphone est notre moyen de communication de prédilection
- Nous serons toujours très fidèles l'une envers l'autre

Les filles de ces signes

Brigit, Éloïse, Margrit

Les signes avec lesquels j'ai le moins d'atomes crochus

Verseau

Pourquoi ?

- Nous n'avons rien en commun; nous sommes littéralement opposées
- La Verseau est trop ratoureuse; je ne lui fais pas confiance
- Nous avons beaucoup de difficulté à communiquer

Vierge

Pourquoi ?

- Nous sommes toutes les deux des boudeuses; nos échanges ne sont pas très fructueux
- Elle est bien trop exigeante (elle me ressemble et ça m'énerve !)
- Elle est trop sage pour moi qui suis si intrépide

Cancer

Pourquoi ?

- Nous nous appellerons comme de bonnes connaissances, sans plus
- La Cancer est trop timide (d'accord, je suis peut-être trop frondeuse)
- La sensibilité avouée (et évidente) de la Cancer m'irrite

Les filles de ces signes

Yin, Virginia, Yolanda

Boule de cristal

Quelques prédictions...

Aimerais-tu avoir une idée de ce que les astres te prédisent dans différentes sphères de ta vie ? Lis ce qui suit pour découvrir ce que le ciel te réserve... mais rappelle-toi toujours que les vraies prédictions, c'est ton cœur qui te les dicte et tu as toujours le choix d'influencer le cours de ton destin !

Ah, l'amour !

La Scorpion, envoûtante, cumulera les conquêtes, mais pas nécessairement les cavaliers. Cela dit, quand elle trouvera le bon compagnon, elle sera capable d'une grande fidélité. Si elle est blessée, elle ne le montrera pas, mais elle sera d'autant plus farouche et difficile à approcher ensuite. Elle n'aimera pas facilement, pas plus qu'elle ne se laissera aimer.

Amours d'ado : Elle attendra que les garçons viennent à elle. Si certains l'intéressent, elle se laissera charmer sans trop s'attacher. Elle préfèrera se concentrer sur ses projets.

Jeune adulte Sa réputation de séductrice la précède. Elle sera souvent désirée par les gars, montrée du doigt par les filles. Mais elle n'en aura rien à faire. La séduction, c'est un jeu qui lui plaît énormément.

Vie de famille : Les jeux de conquête feront toujours partie de la vie amoureuse de la Scorpion, mais c'est aussi sa façon de marquer des points dans toutes les sphères de sa vie. Ses choix lui dicteront la place qu'occupera l'amour dans sa vie. Certaines Scorpions seront mieux célibataires, n'ayant pas de comptes à rendre à personne et pouvant laisser libre cours à leurs ambitions démesurées, sans compromis, alors que d'autres supporteront mal la solitude et construiront autour d'elles un foyer solide et durable.

Copains de choix

Côté cœur, quels sont les signes avec lesquels j'ai le plus d'affinités :

- Lion : fort et entreprenant
- Vierge : lucide et suffisant
- Sagittaire : optimiste et volontaire

Prière de ne pas déranger, je suis en vacances !

Son besoin d'évasion et de mouvement trouvera son écho dans sa passion pour les voyages. Oui, la Scorpion aimerait bien parcourir le monde pour aller voir où elle peut trouver son compte. Cela dit, ses motivations pour s'évader ne seront pas toujours nobles.

Il s'agira souvent de fuite. À moins que ses expéditions ne lui servent qu'à tester ses limites. Aucune destination ne sera trop dangereuse; aucun pays ne sera trop lointain; aucun voyage ne sera trop dispendieux pour la téméraire qui mettra tout en œuvre pour aller voir au bout du monde si elle ne trouverait pas des réponses à son insatisfaction.

Partenaires hors pair

Côté tourisme, quels sont les signes avec lesquels j'aurai le plus de plaisir à voyager ?

- La **Sagittaire** est l'une des seules avec qui je pourrais envisager de partir. Cette dernière est née pour voyager et découvrir et c'est pour moi une alliée précieuse.
- La seule partenaire que je peux endurer pendant une longue période, c'est **moi-même**. Je me ferai sans doute quelques amis de passage pour faciliter mon périple, mais...

Mon cercle d'amis

La Scorpion aura toujours peu d'amies, triées sur le volet, mais elle aura aussi peu d'ennemies. Son tempérament instable et exclusif rendra difficiles les nouvelles amitiés.

Plus jeune, la Scorpion sera peut-être un peu expéditive avec ses amies. Elle n'est pas méchante, juste foncièrement indépendante et intransigeante. Si elle parvient à maîtriser ses envies de mettre au rancart toute personne qui la contredit, elle devrait vieillir bien entourée. Ses précieuses alliées auront une place de choix dans sa vie chargée.

Il est difficile d'entrevoir, à court ou à long terme, des relations d'amitié entre la fille Scorpion et un garçon. Leurs échanges seront toujours teintés d'un jeu de séduction qui anéantira toutes chances pour une amitié solide et sincère.

Ma famille

De toutes les filles, c'est la Scorpion qui se détachera le plus facilement du nid familial où elle a grandi. Elle brûlera toujours d'un désir impérieux de voler de ses propres ailes, soit pour se prouver qu'elle est aussi forte qu'elle le croit, soit pour affirmer son identité propre et s'assurer de ne pas voir ses ambitions contrecarrées par d'autres. Somme toute conformiste et traditionaliste, elle flirtera souvent avec l'idée de fonder sa propre famille modèle. À d'autres moments, elle doutera viscéralement de ses talents maternels.

Dans bien des cas, chez la Scorpion, ses projets professionnels prendront le pas sur son besoin de créer un nouveau foyer familial. Cela dit, entière comme elle est, si elle choisit d'avoir des enfants, elle se vouera corps et âme à ce projet et elle protégera férocement sa progéniture.

Au boulot !

Attention, la voilà ! S'il en est une que l'on ne peut arrêter sur le chemin de la réussite, c'est bien la Scorpion ! Ses buts peuvent être changeants, ses objectifs peuvent être plus ou moins accessibles, mais il reste qu'elle fera son chemin, coûte que coûte. Dotée d'une force de caractère et d'une vision peu communes, la Scorpion sait ce qu'elle veut et fera tout en son pouvoir pour l'obtenir. Son principal obstacle : sa passion pour chaque activité s'essouffle rapidement. Elle devra constamment être stimulée, sinon elle sera insatisfaite. Son talent pour le renouveau et son esprit d'innovation vont la sauver de la déprime dans plus d'une situation.

Si elle fait son chemin dans les arts

Pouvoir créateur, intuition et imagination seront ses meilleurs alliés.

Si elle privilégie les affaires

Elle sera une redoutable femme d'affaires, impitoyable dans ses décisions, avec un flair à toute épreuve dans le domaine financier. Gare à celui ou celle qui tentera de lui mettre des bâtons dans les roues.

Si elle devient une professionnelle

Son amour du mystère et de l'énigme en ferait une enquêteuse ou une criminaliste hors pair. La psychologie est aussi un domaine qui lui sourit.

Si elle choisit un métier technique

Son intelligence lucide et logique en fait une candidate toute désignée pour la recherche. Le fruit de ses études lui donnera l'impression de résoudre les mystères, ce qu'elle affectionne tant.

style de vie

Affirmé, évocateur et incisif, le style de la Scorpion la représente bien. Cette mordue de magasinage ne craquera pas forcément pour les marques, mais ses vêtements seront toujours portés avec confiance, pour ne pas dire avec un certain affront.

Sa force, c'est sa capacité à se réinventer, toujours avec goût, le plus souvent avec audace. Elle peut changer de style radicalement, de pied en cap, mais l'ensemble sera toujours cohérent. Petit problème : elle pousse parfois un peu trop la note dans l'affirmation de son côté rebelle. De plus, elle a tant besoin de mouvement qu'elle changera subitement (et de façon significative) son apparence, mais sa tête ne suivra pas toujours; autrement dit, ces tentatives de renouvellement n'auront pas toujours l'effet escompté sur son moral. Mise en garde : oui, il faut oser, mais il ne faut pas être trop provocatrice ! Une chose est certaine, à tout âge, le conservatisme de la Scorpion ne se dessine pas dans ses vêtements. Évidemment, si sa réussite professionnelle dépend de son allure, elle fera tout pour se mouler aux exigences, mais en dehors de ça, elle a du chien, la Scorpion !

Beauté
GOTHIQUE

Leila

Surnom : Lé

Date de naissance : 14 avril

Signe astrologique : Bélier

Date : Du 21 mars au 20 avril

Pierre précieuse : Diamant

Fleur : Pois de senteur

Nombre : 11

Couleur : Rouge

Jour : Mardi

Élément : Feu

Brigit

Surnom : Diva

Date de naissance : 4 mai

Signe astrologique : Taureau

Date : Du 21 avril au 20 mai

Pierre précieuse : Émeraude

Fleur : Muguet

Nombre : 7

Couleur : Vert

Jour : Vendredi

Élément : Terre

Momoko

Surnom : Mimi

Date de naissance : 21 juin

Signe astrologique : Gémeaux

Date : Du 21 mai au 21 juin

Pierre précieuse : Perle

Fleur : Rose

Nombre : 9

Couleur : Orange

Jour : Mercredi

Élément : Air

Yolanda

Surnom : Yo

Date de naissance : 26 juin

Signe astrologique : Cancer

Date : Du 22 juin au 22 juillet

Pierre précieuse : Rubis

Fleur : Pied d'alouette

Nombre : 3

Couleur : Argent

Jour : Lundi

Élément : Eau

Clothilde

Surnom : Cloclo

Date de naissance : 30 juillet

Signe astrologique : Lion

Date : Du 23 juillet au 22 août

Pierre précieuse : Péridot

Fleur : Glaïeul

Nombre : 1

Couleur : Rouge

Jour : Dimanche

Élément : Feu

Virginia

Surnom : Gini

Date de naissance : 22 septembre

Signe astrologique : Vierge

Date : Du 23 août au 22 septembre

Pierre précieuse : Saphir

Fleur : Aster

Nombre : 4

Couleur : Bleu marine

Jour : Mercredi

Élément : Terre

Margrit

Surnom : Marge

Date de naissance : 30 septembre

Signe astrologique : Balance

Date : Du 23 septembre au 22 octobre

Pierre précieuse : Opale

Fleur : Souci

Nombre : 8

Couleur : Fuchsia

Jour : Vendredi

Élément : Air

Keera

Surnom : Fée

Date de naissance : 26 octobre

Signe astrologique : Scorpion

Date : Du 23 octobre au 21 novembre

Pierre précieuse : Topaze

Fleur : Chrysanthème

Nombre : 6

Couleur : Violet

Jour : Mardi

Élément : Eau

Éloïse

Surnom : Élo

Date de naissance : 30 novembre

Signe astrologique : Sagittaire

Date : Du 22 novembre au 20 décembre

Pierre précieuse : Turquoise

Fleur : Narcisse

Nombre : 9

Couleur : Bleu royal

Jour : Jeudi

Élément : Feu

Paloma

Surnom : Palomina

Date de naissance : 31 décembre

Signe astrologique : Capricorne

Date : Du 21 décembre au 19 janvier

Pierre précieuse : Grenat

Fleur : Œillet

Nombre : 5

Couleur : Gris

Jour : Samedi

Élément : Terre

Yin

Surnom : Yin

Date de naissance : 7 février

Signe astrologique : Verseau

Date : Du 20 janvier au 18 février

Pierre précieuse : Améthyste

Fleur : Violette

Nombre : 2

Couleur : Beige

Jour : Samedi

Élément : Air

Sabrina

Surnom : Sab

Date de naissance : 20 mars

Signe astrologique : Poissons

Date : Du 19 février au 20 mars

Pierre précieuse : Aigue-marine

Fleur : Jonquille

Nombre : 8

Couleur : Bleu poudre

Jour : Jeudi

Élément : Eau

Roselyne Cazazian, illustratrice

Illustratrice de nombreux livres pour enfants, Roselyne Cazazian adore raconter des histoires à travers les couleurs et les formes. Artiste rêveuse et passionnée, Roselyne fait des dessins pour vivre, et vit pour faire du dessin.

Karine Blanchard, auteure

Diplômée en langue et littérature françaises, et en traduction, Karine Blanchard a aussi fait un détour en chant pop-jazz pour exploiter son amour des mots sous toutes ses formes. Elle a travaillé sur différentes plateformes du milieu de l'édition au Web, en passant par la télé. Curieuse et passionnée, Karine a trouvé le parfait écho à sa voix dans l'écriture pour les jeunes.

Autres titres signés
Roselyne Cazazian et Karine Blanchard

Yolanda

Clothilde

rginia

Margrit

Keera

Éloïse